엄마표

영어 구구단

+파닉스

4

be동사

★ 시작하기 전에

I일 때는 am(앰)을 쓰고,
You일 때는 are(얼)을 쓴다는 것을 알려준 뒤
하루~일주일 동안 수시로 반복해서 물어보세요.

예시)
I일 때 뭘 쓴다고? / You일 때 뭘 쓴다고?

모든 문장은 일반동사 vs be동사로 나뉘며
그 차이에 따라 문장 구조가 달라집니다.
숙달될 수 있도록 훈련시켜 주세요.

함께 고생한 딸
루나에게 감사드립니다

책을 집필할 수 있도록
다함을 봐주신 부모님과
어린이집 선생님들께 감사드립니다

Miklish.com

² 나(I)에게 쓰는 be동사는?

3 I am을 주로 I'm으로 줄여서 사용해. (따라 해봐 I'm)

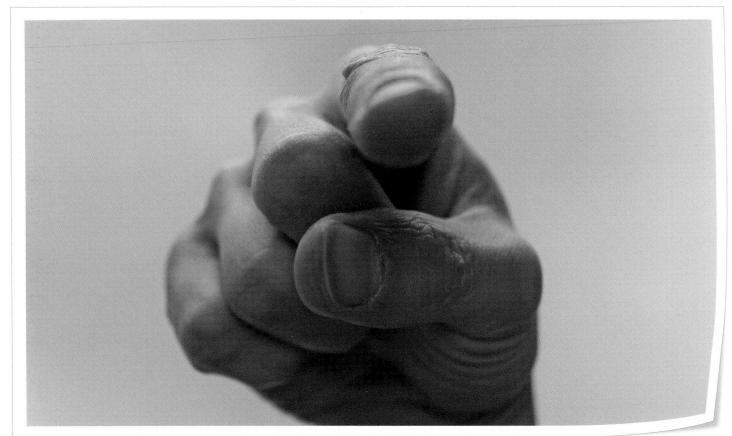

익숙해지면 이 쪽은 건너 뛰어도 좋습니다

$$I \ am \ = \ I'm$$

1 너나 여러 명(너희들, 우리들, 그들 등)의 상태에 관해 말할 때는 are를 사용해. (따라 해봐 you are)

² 너(you)에게 쓰는 be동사는?

3 You are을 주로 You're로 줄여서 사용해. (따라 해봐 You're)

익숙해지면 이 쪽은 건너 뛰어도 좋습니다.

You are = You're

1 행복하다는 (영어로) happy야. (따라 해봐 happy)
2 나는 행복하다는 (영어로) I'm happy야. (따라 해봐 I'm happy.)

³ 나는 행복하다는?

행복한 것은 감정일까? 아니면 행복한 행동(움직임)을 하는 것일까? (감정)

I'm happy.

I/you+형용사　　　he/she+형용사　　　we/they+형용사　　　it/they+형용사

1 슬프다는 (영어로) sad야. (따라 해봐 sad)
2 너는 슬프다는 (영어로) You're sad야. (따라 해봐 You're sad.)

³ 너는 슬프다는?

슬픈 것은 감정일까? 아니면 슬픈 행동(움직임)을 하는 것일까? (감정)

You're sad.

1 늙었다는 (영어로) old야. (따라 해봐 old)
2 나는 늙었다는 (영어로) I'm old야. (따라 해봐 I'm old.)

³나는 늙었다는?

늙은 것은 모습일까? 아니면 늙은 행동(움직임)을 하는 것일까? (모습)

I'm old.

I/you+형용사   he/she+형용사   we/they+형용사   it/they+형용사

³너는 젊다는?

젊은 것은 모습일까? 아니면 젊은 행동(움직임)을 하는 것일까? (모습)

You're young.

1 그 남자의 상태에 관해 말할 때는 is를 사용해. (따라 해봐 he is)

² 그(he)에게 쓰는 be동사는?

3 he is를 주로 he's로 줄여서 사용해. (따라 해봐 he's)

익숙해지면 이 쪽은 건너 뛰어도 좋습니다

He is = He's

I/you+형용사　　　　he/she+형용사　　　　we/they+형용사　　　　it/they+형용사

² 그녀(She)에 쓰는 be동사는?

익숙해지면 이 쪽은 건너 뛰어도 좋습니다

She is = She's

1 나쁘다는 (영어로) bad야. (따라 해봐 bad)
2 그는 나쁘다는 (영어로) He's bad야. (따라 해봐 He's bad.)

3 그는 나쁘다는?

나쁜 것은 상태일까? 아니면 나쁜 행동(움직임)을 하는 것일까? (상태)

He's bad.

³ 그녀는 좋다는?

좋은 것은 상태일까? 아니면 좋은 행동(움직임)을 하는 것일까? (상태)

She's good.

1 못생겼다는 (영어로) ugly야. (따라 해봐 ugly)
2 그는 못생겼다는 (영어로) he's ugly야. (따라 해봐 He's ugly)

3 그는 못생겼다는?

못생긴 것은 모습일까? 아니면 못생긴 행동(움직임)을 하는 것일까? (모습)

He's ugly.

1 예쁘다는 (영어로) pretty야. (따라 해봐 pretty)
2 그녀는 예쁘다는 (영어로) She's pretty야. (따라 해봐 She's pretty)

³ 그녀는 예쁘다는?

예쁜 것은 모습일까? 아니면 예쁜 행동(움직임)을 하는 것일까? (모습)

She's pretty.

1 우리의 상태에 관해 말할 때는 are를 사용해. (따라 해봐 we are)

³ 우리(we)에 쓰는 be동사는?

3 we are을 주로 we're로 줄여서 사용해. (따라 해봐 we're)

익숙해지면 이 쪽은 건너 뛰어도 좋습니다.

We are = We're

I/you+형용사   he/she+형용사   we/they+형용사   it/they+형용사

⁴그(것)들(they)에 쓰는 be동사는?

익숙해지면 이 쪽은 건너 뛰어도 좋습니다

They are = They're

1 길다는 (영어로) long이야. (따라 해봐 long)
2 우리는 길다는 (영어로) We're long이야. (따라 해봐 We're long)

3 우리들은 길다는?

긴 것은 모습일까? 아니면 긴 행동(움직임)을 하는 것일까? (모습)

We're long.

1 짧다는 (영어로) short야. (따라 해봐 short)
2 그것들은 짧다는 (영어로) They're short야. (따라 해봐 They're short.)

³ 그것들은 짧다는?

짧은 것은 모습일까? 아니면 짧은 행동(움직임)을 하는 것일까? (모습)

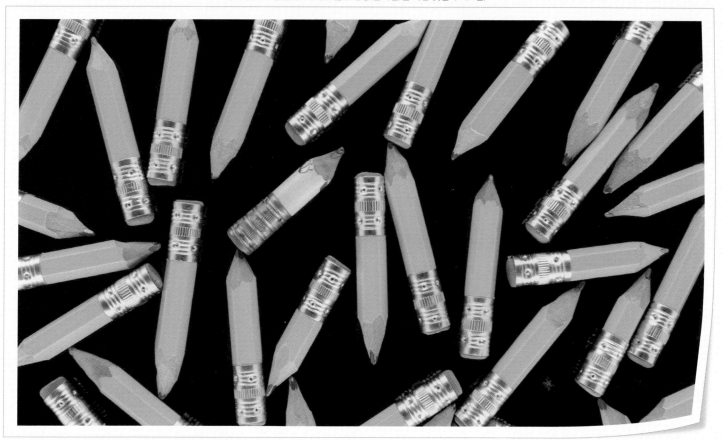

They're short.

1 옳다는 right이야. (따라 해봐 right)
2 그것(it)은 나와 너를 제외한 한 개 이므로 he, she 처럼 is를 써. (따라 해봐 it's)
3 그것은 옳다는 (영어로) it's right이야. (따라 해봐 it's right)

4 그것은 맞다는?

옳은 것은 상태일까? 아니면 옳은 행동(움직임)을 하는 것일까? (상태)

It's right.

1 틀리다는 wrong이야. (따라 해봐 wrong)
2 그것들은 틀리다는 (영어로) They're wrong이야. (따라 해봐 They're wrong.)

³ 그것들은 틀리다는?

틀린 것은 상태일까? 아니면 틀린 행동(움직임)을 하는 것일까? (상태)

They're wrong.

1 소녀는 girl이야. (따라 해봐 girl)
2 소녀가 한 명이면 (영어로) 뭐지? (a girl)

³나는 한 소녀이다는?

소녀인 모습일까? 아니면 소녀인 행동(움직임)을 하는 것일까? (모습)

I'm a girl.

1 소년은 boy야. (따라 해봐 boy)
2 소년이 한 명이면 (영어로) 뭐지? (a boy)

³ 너는 한 소년이다는?

소년인 모습일까? 아니면 소년인 행동(움직임)을 하는 것일까? (모습)

You're a boy.

1 왕은 king이야. (따라 해봐 king)
2 왕이 한 명이면 (영어로) 뭐지? (a king)

³그는 한 왕이다는?

왕인 모습일까? 아니면 왕인 행동(움직임)을 하는 것일까? (모습)

He's a king.

1 여왕은 queen이야. (따라 해봐 queen)
2 여왕이 한 명이면 (영어로) 뭐지? (a queen)

³ 그녀는 한 여왕이다는?

여왕인 모습일까? 아니면 여왕인 행동(움직임)을 하는 것일까? (모습)

q는 주로 뒤에 u가 붙어서 '쿠'로 소리 낸다.

She's a queen.

I/you+명사   he/she+명사   we/they+명사   it/the+명사   they/the+명사   25

1 의사는 doctor야. (따라 해봐 doctor)
2 의사가 여러 명이면 (영어로) 뭐지? (doctors)

³우리들은 의사들이다는?

의사인 모습일까? 아니면 의사인 행동(움직임)을 하는 것일까? (모습)

We're doctors.

1 환자는 patient야. (따라 해봐 patient)
2 환자가 여러 명이면 (영어로) 뭐지? (patients)

³ 그들은 환자들이다는?

환자인 모습일까? 아니면 환자인 행동(움직임)을 하는 것일까? (모습)

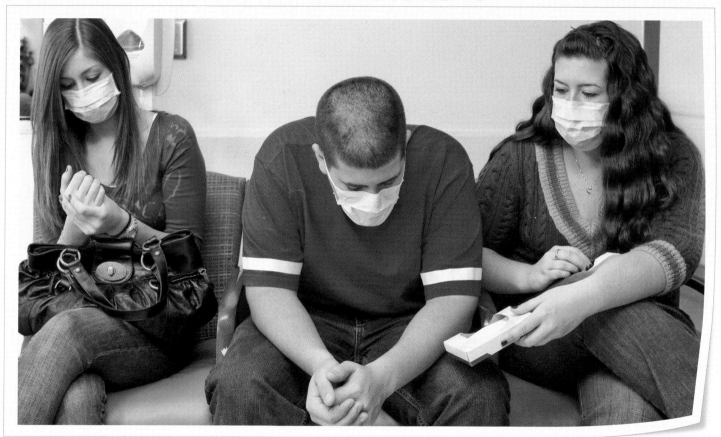

They're patients.

1 개는 dog야. (따라 해봐 dog.)
2 개가 한 마리면 (영어로) 뭐지? (a dog)

³ 그것은 한 강아지이다는?

강아지인 상태일까? 아니면 강아지인 행동(움직임)을 하는 것일까? (상태)

It's a dog.

5 그 강아지는 작다는?

작은 모습일까? 아니면 작은 행동(움직임)을 하는 것일까? (모습)

The dog is small.

1 신발은 shoe야. (따라 해봐 shoe)
2 신발이 여러 개면 (영어로) 뭐지? (shoes)

³ 그것들은 신발들이다는?

신발인 모습일까? 아니면 신발인 행동(움직임)을 하는 것일까? (모습)

They're shoes.

I / you + 형용사   he/she + 형용사   we/they + 형용사   it/they + 형용사